写真撮影　貫井清孝

ヒャッホウ！
おばあさんだって冒険したい！

〜闇夜にまたたく星　それは道しるべ〜

Duo Stella
デュオ・ステラ
フルート　紫園　香
ピアノ　菅野万利子
［共著］

YOBEL,Inc.

光は闇の中に輝いている。そして、闇はこれに勝たなかった。

ヨハネによる福音書1章5節

すいせんのことば

キリストの平和教会牧師　**岩本遠億**

老い行けよ、我と共に。
最善はこれからだ。
人生の最後、そのために最初は造られたのだ。
我らの時は御手の中にあり。
神は言われる「我は一つの完全体を計画した。
若き時は半ばを示すのみ。神に信頼せよ。
全てを見よ。しかして怖るることなかれ！」
ロバート・ブラウニング「ラビ・ベンエズラ」より

Grow old along with me!
The best is yet to be,
The last of life, for which the first was made:
Our times are in His hand,
Who saith "A whole I planned,
Youth shows but half; Trust God:
See all nor be afraid!"
"Rabbi Ben Ezra" by Robert Browning

19世紀に活躍したイギリスの信仰詩人ロバート・ブラウニングは謳いました。神は人生を一つの完全体として計画なさっている。青年期は半ばを示すのみだ。老年期にこそ神の計画の全体像が現される。神が一人ひとりの人生の時を握ってくださっている。だから怖れるな、と。

今年のイースターに世界的に活躍する音楽家の紫園香さんと菅野万利子さんが、音楽ユニットDuo Stellaを結成なさり、この度その記念に信仰証集『ヒャッホウ！　おばあさんだって冒険したい！　～闇夜にまたたく星　それは道しるべ～』を出版なさいました。

Duo Stellaの結成、御本の出版を心からお祝い申し上げます。

私はクラシックファンとして、お二人のコンサートを聴きに行き、そのテクニックの凄まじさに声を失ったり、深く心の奥底にまで届く魂の音楽に涙が止まらなくなることしばしばです。ステージで音楽を奏でるお二人の姿はまさに夜空に瞬くステラ（星）のようです。これからもこの一流音楽家の演奏を間近で聴くことができることは何という幸いでしょう。

しかし、この御本を読んで驚きます。そのお二人が若い時に一流音楽家の道を諦めなければならない苦しみに陥っておられたとは。類稀《たぐいまれ》な才能と家庭環境に恵まれ、世界のトップに登り詰めようとしていたお二人が、突然足元の階段がなくなってしまう絶望を経験しておられたとは。

お二人はその絶望の中でイエス・キリストに出会います。そして、他の演奏家との競争に勝つことによってトップに登り詰める道ではなく、キリストを目指す真の一流の道を歩むことになるのです。お二人の演奏が、聴く者の心の奥底、魂にまで深く届くのは、お二人も絶望の道をとおり、そして、キリストの愛に抱きしめられ、癒され、立ち上がったからです。

お二人は同じ歳で、今年合わせて130歳とのこと。その若々しさ、そのチャレンジ精神の旺盛さからはとても想像できません。しかし、お二人はただの元気なおばあさんなのではありません。今でなければ奏でることができない音楽がある。今その音楽に乗せなければ伝えることができない愛があるのです。

「老い行けよ、我と共に。最善はこれからだ。人生の最後、そのために最初は造られたのだ。」この歳にならなければ見えてこない神様の完全なご計画の軌跡がこの御本にはぎゅっと詰め込まれています。読むお一人おひとりが深い感動に包まれることでしょう。

2023年9月

目次

第1章

愉快

高齢になると、愉快なことが減ってくると言われます。
でも高齢になればなるほど、愉快なことが必要なのでは？
ちょっとしたことでも愉快痛快と思える知性とゆとりが、
高齢者の特権でもあります。常識的な規制概念を覆すこと、
これは人間の小さな頭でやると、ある意味危険かもしれません。
でも神さまが私たち一人ひとりを創造なさった時、想像以上にずっと自由でダイナミック、
そして緻密なプランをお持ちだったのではないでしょうか。

私たちは高齢になっても、もっと、神さまのお望みになるであろう「冒険」に出かけてもよいのではないか、と思います。小さなことでもよいのです。少しわだかまりのある友にハガキを書く、知らない隣人に挨拶する、散歩の時、知らない角を曲がってみる、鏡を見て自分の最高の笑顔を研究してみる、多めに作ったおかずをご近所のひとり暮らしの方に持っていく、etc.
冒険は勇気もいりますが、それを乗り越えるワクワク、愉快さがあります。

おばあさんだって冒険したい！
さぁ、Duo Stella とご一緒に、冒険に出かけませんか。

神がどうなさるのか

私たちは２０２３年イースターにDuoを結成しました。
二人とも65歳でした。足して１３０歳……　わぁ〜!!
普通リタイアの歳です。

出会ったのは20年近く前の２００３年。折々一緒にコンサートをしてＣＤも２枚（「Bless you ～やすらぎのひととき」・「Born again ～あらたなる旅立ち」）制作しました。つまりかなりの時間を共にしてきたわけです。

でも家族の世話や諸事情で、しばらく別々に活動していました。その間に神さまの訓練がそれぞれに入りました。

神さまは陶器師です。ご自分の愛を伝えるために器を作られます。

陶器師は、地中深くの粘土層から粘土を掘り出し、石やゴミを取り除き、粘土の硬さを均一にするために揉みほぐし、ロクロ台に粘土を置き、形を整え、生地の底部を削り、ヘリや角を工具で整え、手や口を取り付け、生地に装飾し、そして乾燥し、素焼きし、高温でさらに焼き締めをし、はたきがけ、釉掛け、絵付けをし、窯詰め、そしてやっと窯焚き、そして窯出し、仕上げ、繕い……。一つの陶器ができるまでに、少なくとも20工程が必要なのです。私たちが、神さまの器として形作られるまでにはどれほどの工程が必要なのでしょう。

気が遠くなるような話ではありますが、大切なことは、神さまが器を造られるとき「訓練」もなさいますが、最後まで責任を持ってくださる、ということです。

Duo Stella もこれからどのような器に形造られるのか、期待を持って神さまにお委ね致します。色々起こっても大丈夫なんです！　神さまが共におられるから。

ペテロ循環気質とパウロ粘着気質

何かの本で読んだのですが、人間は、聖書的に考えるとこの二つの気質に分類される、とのことでした。その観点からすると、菅野万利子はペテロ的循環気質、紫園香はパウロ的粘着気質、と言えると思います。つまり全く違う個性。若い時はそれがお互い大変な時期もありました。でも65歳になると、なかなか良いハーモニーを醸すのです。自我を超えての協力ができるようになったというか、お互いの良いところを認め合い、足らないところを補い合い、正直に本音で語り合い……昔できなかったことが今はできるようになっている。本当に嬉しいことです。そうさせてくださったのは神さまです。

私たち二人の世界は、神さま中心に動いているので「いのちのハーモニー」が自然に生まれるのです。

人間は成長します。……だから例えば昔、喧嘩別れした人、いけ好かない人、わだかまりのある人……全部大丈夫なんですね。

さぁそれでは、私たちの人生に
神さまが何をしてくださったか聞いてください。

第2章　それぞれの人生

万利子の場合

ピアノとの出会い

物心ついた時から、私はピアノといつも一緒でした。そこには戦争で青春を奪われ、好きな音楽の道が閉ざされた母が共にいました。皇室御用達《ごようたし》の友禅着物絵師を父親として、神田に住んでいた大家族は空襲で家を失い、故郷の京都へ戻り、そこで若い母は結婚し、十年後に生まれた女児の私に、丸ごと自分の夢を託したのです。

小さな私のピアノ練習をリードする母の歌声はまるでオペラ！　ピアノが聴こえないほど大きく、いつも情熱に満ちていて幸せそう。練習がいやになって木登りから降りてこない私は「マ

木登り大好きの頃

３歳のお正月

リコ、降りてきなさーい！」と叱られることもしばしば（聖書のイエス様がザアカイに声をかけられるシーンを思い出す私です：新約聖書・ルカ福音書19章1節以下に登場する、取税人のかしらで、金持ちのザアカイのこと）。でも母の情熱は、幼い私の大きな励ましでした。

私にとって母が外出している時は、ひそかな安らぎの時間でした。９歳の頃、一人で黒い大きなＬＰ盤に針をおろし、流れてきたのはショパンの幻想即興曲。私はその音楽に引き込まれて、涙が止まらなくなったのです。激しく切ない響き、心の叫びと憧れの交錯に心が揺さぶられ、こんな世界があったのか！　と子どもなりに開眼。この時から、私はピアノを一生続けようと心に決めたのでした。

中学に入り、東京の井口基成、愛子門下に弟子入りが許され、毎月新幹線でレッスンに通うことに。当時レッスン後の成城《せいじょう》駅までの道は、生徒間では「涙道」と言われていたものですが、私も厳しい雷を落とされて帰り道はいつもベソをかいていました。そんな私に付き添う母はいつも「大丈夫！　為《な》せば成《な》る、為《な》さねば成《な》らぬ、何事《なにごと》も、よ」と激励し続けてくれました。

また大御所の先生からは、音楽を体当たりで真剣に表現することを学び、その熱意に鍛えられ、支えられたことでした。

ところが、受験するはずの東京の音楽高校を先生が突然辞任なさったため、受験直前に進路を変えられ、姉妹校である大阪の相愛学園に行くことになりました。音楽学部は山田耕作が創設した、浄土真宗の歴史ある女子校で、当時の私は悔しさをバネに、音楽の道を志す仲間と共に厳しい練習に打ち込むのだ！　と意気込んでいました。が、先生やクラスの友だちは大阪人特有の気取らない陽気さがあり、京都育ちの私とはまったく違う、楽しく賑やかで充実した環境！　もし東京に15歳で放り出されていたら、孤独と激しい競争社会の波に飲まれて今の私はなかったと思います。仏教にも感化され、煩悩解脱《ぼんのうげだつ》、明鏡止水《めいきょうしすい》の境地で芸術を極める！　と念じて、精神統一などしながら、コンクールやオーディションなど次々並べられたハードルに挑んでいきました。

大学卒業後は、ユダヤ系ハンガリー人のシェボック教授との出会い（写真）によってまさかのアメリカ・インディアナ大学に留学が決定、親元を離れます。盆

22歳のデビューポートレート

地育ちの私は、13階の大学院寮の部屋から地平線まで広がる紅葉の森やトウモロコシ畑にびっくり。思えば遠くへ来たもんだ！　世界中から集まった留学生のるつぼの中で、楽器や文化を超えた音楽の表現を学び、室内楽や現代曲の新しい分野を開拓、ハンバーガーをほおばりながら10kg増えた体重、確かに身体の幅も広がりました！　さらにヨーロッパへ移住し、キャリアを積みながら自活への軌道に乗り始めて行きました。

香の場合

三種の神器　取り去られる

陶器師なる神さまは、わたしに数々のダメ出しをなさいました。いつも思うのですがコンサート用のプロフィールは表向き。

裸のわたしのプロフィールは失敗談だらけです。

デビュー目前、芸高・芸大・同大学院を首席で突っ走り、順風満帆で育ってきた私に突然巻き起こった三つの喪失の嵐。

一つめの嵐は、私が人を愛する能力に欠けている人間であるという事実に突き当たったこと。当時私には一生を共にしたいと願った人がいました。しかしそれができなくなりました。原因は私の強烈な自己愛と自己中心性でした。それまでの私は順風満帆、努力すれば何でもできる人生を歩んできました。良い子だ、優しい子だと自他共に思い込んでいました。そんな浅はかな自信が、自分が選んだ人ひとりさえも愛し抜けないという事実によって、粉々に砕け散ったのです。

22歳、デビュー当時

二つめの嵐は、経済的基盤の喪失。私は両親の愛情に恵まれ、経済的にも不自由なく育ちました。父は大会社でプラスチック製品の開発部門を任され活躍しておりました。今ではだれもがご存じの「プチプチ」のビニールシートを開発した人です。私は小さい頃、父が持って帰ってくる試作品をつぶして遊んでいました。自分は「プチプチ」で遊んだ子ども、世界第一号だと自負しています。

しかし父は脳動脈瘤の大手術を機に、少しずつ出世街道から外れていきました。それで一念発起、独立を決心したのです。順調な時期もありましたが、日本の経済情勢も影響し奮闘むなしく、会社はある日、不渡り手形による連鎖倒産となりました。私たちは突然家を出なくてはならなくなったのです。

その時、とっさに手にしたのはフルートと圧力鍋。一家離散となり、それぞれが自分で自分を支え、生きていかなくてはならなくなったわけです。まさに、「さぁこれから！」という飛躍の時であったのにもかかわらず。

私は芸大大学院卒業時、準備万端整えていたドイツ留学をあきらめざるをえませんでした。19歳〜20歳まで、フルートの巨匠マルセル・モイーズ師の薫陶をスイス・フランス・アメリカで受けていたので、卒業後はどうしても本格的に留学したかったのです。でもその計画は儚《はかな》く潰えてしまいました。

リサイタル一つ開くにもお金がかかります。人脈もすべてゼロから作っていかなくてはなりません。

「これだけ頑張ってきたのに！　私は何も悪いことをしていないのに！」

これが当時の偽らざる気持ちでした。毎日いろいろな音楽教室で働き、演奏活動の糸口も必死に模索する日々でした。同期のライバルたちは当然のように海外留学を果たし、国際コンクールでの華々しい結果が伝わってきます。私はといえば生活するだけで精一杯。十年間、ほとんど休日はありませんでした。夜遅くまで働き、寝入る時に「泣き」の音楽をかけてひとしきり涙を流してカタルシス。でも朝になると夢の中で泣いている自分の泣き声で目が覚める……そんな毎日の繰り返しでした。

檜舞台・東京文化会館デビューリサイタル

そして三つめの嵐。ついに病気になりました。働きすぎだと思います。主治医の説明によると、大きな手術を受けざるをえないこと、またダメージが残ることも予想されるので、フルート奏者としてやっていくのは無理かもしれないとのこと。あまりのことに涙も出ませんでした。死んだほうが楽かもしれない、という思いを必死に押さえ込みました。幸いなことに絶望のどん底で思いがけず名医との出会いが与えられ、見事な手術を受けることができました。まさに神わざのような手術によって、私は今もフルートを奏でることができます。神さまの備えは完璧でした。

これらの経験によって私の中にある気づきが生まれたのです。それまでの私にとって、「能力」（愛するということも含めて）、「経済的基盤」、「健康」は、人生をより良く生きていくための三種の神器でした。それさえあれば人生を安泰にバッチリ歩めると信じ、それらを得るために必死に努力もしました。しかし、肝心な時にその三種の神器は何の支えにもならず、簡単に取り去られるものでした。私は何を目指して努力していったら良いのか、わからなくなってしまいました。羅針盤を失った船のように航行不能になってしまったのです。世の状況が変わっても人が変わっても自分すら変わっても、絶対変わらない真理。それがなければ、私はもう一歩も歩めない！　私は追い詰められていました。

十字架の下で　©Mikako Ishiguro

そんな折、私は恩師の紹介で、キリスト品川教会のフルート教室講師として教会に招かれました。神さまは本当におられるのだろうか？　本当に私の「髪の毛の数までご存知のお方」（マタイによる福音書10章30節）なのだろうか？　そこまでこんな私を、愛の眼差しで見守ってくださっておられるのだろうか？　日々考えるようになり、洗礼を意識し始めるようになりました。圧力鍋持参でレッスンに来た、私の尋常でない様子を聞きつけた牧師はある晩、教室が終わるのを待ち伏せて私に迫りました。

「四の五の言ってないで、さっさと洗礼を受けちゃいなさい！」

もちろん断ることもできたのですが、何か「やっと捕らえていただいた」という不思議な安堵感が胸に満ち、「よろしくお願いします」と答えていました。

八方ふさがりの暗闇、まさに荒野の中で私が見いだしたもの、それはイエス・キリストの十字架でした。自分のどうしようもない自己中心という罪、それをイエスさまが担って、罪とともに十字架で死んでくださった。そして死に打ち勝ってよみがえられ、今、私とともに生きていてくださる。これは暗闇の中の私には信じられない福音でした。

古い私は死にました。そして洗礼によって新しい命をいただいたイースターの早朝5時の礼拝、明けてゆく空の美しさに涙が止まらなかったのを昨日のことのように覚えています。

万利子の場合

まさかの母の病気

上り坂だった私の人生に「まさかの坂」が訪れます。まだ50歳半ばだった母が炎天下でのテニス中に脳梗塞を発症して倒れてしまったのです。父はまだ仕事があるため、私はやむなく活動の進みかけていたスウェーデンを引き上げ慌てて帰国。実家では、今までとはまったく違う生活が待っていました。リハビリの手助けや主婦の代わりの家事。またそこに音楽大学でピアノ講師の職が与えられて、往復4時間の通勤の始まりです。リサイタルや、オーケストラとの協演が評価され、大阪市の芸術賞を頂き、演奏の場は増えていきます。「仕事のチャンスは断るべからず」という芸能関係の鉄則は、容赦無く私の日常を奪っていき、母と歩調をゆっくり合わせることも難しく、カオスの毎日になっていきました。しだいに母の心身の状態もバランスを欠き、今で言えば認知症の兆候だったのか、脳血管の障がいからくる精神的な症状が出て、感情のコントロールができなくなっていったのです。笑い出すと止まらなくなったり、泣いたり怒ったり。お財布を盗まれたとか、様々な不安を抱えるようになり、医学の知識のなかった私は途方に暮れてしまいました。母を大事にし、我慢しようと思っても言い合いになり、父も私もひたすら耐える日々が続いて3年ほど経った頃、ついに母は家で一人の時に脳出血のためトイレで倒れ、かなり時間が経って救急車で運ばれました。母はそこから召されるまで8年間、ずっと動けない寝たきりの病院生活となってしまったのです。

家は急に静かになったものの、私の心は益々苦しくなりました。母が倒れたのは自分のせいだ、どうして母をもっと大事にできなかったのか、と自分を責める気持ちに支配され、毎日のように病院に通う中で、回復の見込みのない母に「頑張って」と励ますことすら辛くなっていきました。家にいれば、私を待っている母の元に早く行かなければ、とあせり、病院にいれば、早く父の食事の用意やピアノの練習に帰らなきゃ、とあせる。どこにも心の安らげる場所はなく、頑張る力の尽き果てた自分がいました。

帰国記念リサイタル

この世の人間には限界がある。力も健康も命も。母は人一倍元気でがんばり屋だっただけに、それを痛感させられたのです。健康を取られ、生きがいを失った時、人は何を頼りに生きていけば良いのだろう？　一体、私は何のために忙しくピアノを弾いているのだろう？　自分の演奏の充実感や達成感、結果のために膨大な時間を費やし、競争社会を生き抜いて行く。そこに何の価値があるのだろうか？　そんな疑問が押し寄せて、華やかなスポットライトも虚しく、心は真っ暗な日々となって行きました。

「格言の花束」という本の中に、こんな言葉があります。

「芸術家の使命は、人の心に光を送りこむことにある」

（作曲家Ｒ・シューマン）

自分には人に与える光など、どこにもない。こんなに光を求めているのに！　この言葉を残したシューマン自身も、精神疾患のために作曲できなくなり、不遇な中でこの世を去り、その心中には光はなかったはず。でも音楽は確かに人の心を照らす力があります。

音楽の光……それはいったい、どこから来るのでしょう。

香の場合

一生の宿題

神さまはご自分をお伝えになるために、フルートを吹くという賜物を私に貸し与えてくださっておられます。若い時は、綺麗ごとを言っても所詮《しょせん》、自分の能力が秀でていること、競争に打ち勝つことが、フルートを吹く大きなモティベーションでした。もちろん音楽は大好きでしたが。

洗礼を受けてすぐの頃、礼拝でフルートを吹きました。多分自分の力を押し出すような演奏だったのだと思います。ある婦人が礼拝後、駆け寄ってきてこうおっしゃいました。

「シオンさん、あなたのフルートはすごいと思うのよ。でも虚しくなる。」

……これは大きな衝撃でした。自分の吹くフルートが、一人の人の心を虚しくさせる……ショックでした。

愛器　Pneuma 号　©Mikako Ishiguro

「何と失礼なことをおっしゃるのだろう！」

腹がたちました。でもその方は、洗礼前から私のことをよく祈ってくださっていた方でした。私はしばらくフルートのケースを開けることができなくなりました。神さまからの問いかけだったのだと思います。この問いかけは今もずっと続いています。私の一生の宿題です。

私のフルートの歌口には「Pneuma」（プネウマ：聖霊の風）と彫ってあります。賛美の中に住まわれる主の愛をお伝えするためだけに、このフルートが響きますように。

万利子の場合

結婚と子育て、母の死と受洗

大好きなピアノで成功の道を歩んでいるのに心に喜びはなく、常に追い立てられているような焦燥感。この生き方は正しいのか、本当の自分は何か、と探しあぐねていた時、東京でアメリカ大学時代の友人との再会があり、日常の悩みを電話で聞いてくれたり、支えてもらったりするうちに、結婚へと導かれました。病院にいる母を残して嫁ぐことなど考えられなかったのに、東京育ちの母は、私の結婚に快く賛成してくれたのです。30歳で大学を退職し、活動の地盤をすべて捨てて東京へ。夫婦で築いた会社の経営を引退した、主人の両親の家での二世帯同居が始まりました。広い庭は義父の自慢の家庭菜園、慣れない畑仕事や料理を手伝い、晩ごはんを共にしながら会話が弾みます。二人の娘も次々与えられ、妻、嫁、母の三役。ピアノから離れて、すべてが手探りの新生活です。毎月、娘たちを連れて京都の母を見舞い、生かされている命の意味と、育児の羅針盤を求める年月の中で、私は聖書を読むきっかけを神さまから与えられたのです。近所の子育て仲間の同じ歳のクリスチャンとの出会いがあり、おむつを持って家を訪れ、一緒に聖書を読みながらテキストによる学びをし、日曜日には近くの教会に通うようになりました。子どもたちと暗唱聖句や賛美歌を覚え、祈りを毎日続けるうちに、聖書のことばが一つずつ、光のように私の心に差し込み、留まるようになっていきました。目にする風景や口にする言葉が、生き生きと感じられる不思議な変化。長い間、闇の中にいた私が、光に気づき、顔を上げて見出したもの、それは天地を創られた神の愛、キリストの十字架で

母への思いはいっぱい

教会に通い始めた頃

した。

「わたしは世の光です。わたしに従う者は、決して闇の中を歩むことがなく、いのちの光を持ちます。」
（ヨハネの福音書8章12節）

神の愛を知らず、自分勝手な生き方で行き詰まっていた私。その私の身代わりとなって命を与え、尽きない愛に生きよ！　と復活させ今もそばにいてくださる方、イエス・キリストのことばが私の中に光として送り込まれました。陽なたに置かれた植物のように、固い心がようやくほぐれて潤い、息を吹き返したような私。

神さまは、神の掟からは程遠い、不従順な道を生きてきた私を赦し、人生の舵を任せなさい、と救ってくださったのです。

35歳の時、いよいよ母が危篤となり京都に駆けつけ病室で二晩を過ごし、母への感謝の思いと覚えたてのキリストの福音を、必死で母の耳元で伝えました。

「お母さん、産んでくれてありがとう！　私はずっと自分勝手な悪い娘だった、お母さんが病気になって私は自分の罪がわかったの。イエスさまが助けて永遠の命をくださった。お母さん信じてね。必ず天国で会おうね」と。母に残された身体の動きはその右手の親指だけでしたが、苦しい息の中でしっかりとその指先で答えをくれました。こうして8年間の闘病生活を終えて御許に召された母は、少女のような安心した笑顔でした。ああイエスさまは本当に母を抱きとってくださった！　と私は心から確信したのです。紫陽花《あじさい》が雨に濡れ、葉が光る6月。その3か月後、私は洗礼の恵みにあずかりました。

香の場合

Born again

最愛の父が召天するときも神さまは信じられないような愛を注いでくださいました。

父は5年間癌で厳しい闘病をしました。最後の一年は、ほとんどものが食べられず、骨と皮になってしまい、見るに忍びないものがありました。私は何とか父にイエスさまを伝え、死は終わりではないこと、天国で神さまの永遠の命に入れて頂けること、私たちは天国で再会できることを、信じてもらおうと必死でした。しかし肉親は距離が近すぎるのか、何かタイミングがうまく行かず、なかなか伝えられずにおりました。何より必死に生きようとしている父に「死」の話をすることは、私にとってとても難しいことだったのです。

私は日に日に衰えて行く父を見てあせり、看病疲れも手伝って絶望し、牧師（高橋淑郎氏）に泣き言を言いました。

「先生、もうダメかもしれません。父にイエスさまは伝えられないかもしれない……」

そんな私に、牧師はやさしくこう仰ってくださいました。

「大丈夫！　あなたの笑顔ひとつ、看病する時のしぐさひとつで、お父さんにイエス様の存在はもう充分伝わっているよ。安心しなさい。お父さんにはただ一つこの聖書の言葉だけを伝えてあげて。

「疲れた者、重荷を負う者は、だれでもわたしのもとに来なさい。休ませてあげよう」
（マタイ11章28節）

病人は病の苦しみと共に、不安や心配を抱えているから。その重荷を全部担ってくださるイ

動物が好き

両親

幼少期　家族と

無口なおてんば

ヨーロッパ留学時代

スイスでモイーズのレッスン時、G.ゴールウェイと

©Mikako Ishiguro

エスさまが共にいてくださるから、安心して横になって休んでいていいよ、と伝えてあげて。」

私はホーッと肩の力が抜けて楽になりました。

結果的に父は召される3日前にイエスさまを信じ、天国に入れて頂きました。召されたのは真夜中でしたが、家族全員が揃い、牧師が語る御言葉を聞きながら、私たち家族の歌う「いつくしみ深き」に包まれ、逝きました。父の呼吸が止まった瞬間、病室が不思議な輝きに包まれました。その光を、私は生涯忘れることができません。驚いて父を見ると、その顔はにっこり笑っておりました。神さまが父を、確かにその御手に受け取ってくださったことが実感でき、私は言い知れぬ感動に涙が止まりませんでした。

葬儀の時、父の胸には病室に貼っていた、あのマタイによる福音書11章28節の御言葉が置かれました。飾花の折、参列してくださったお一人お一人は、「疲れた者、重荷を負う者は、だれでもわたしのもとに来なさい。休ませてあげよう」という御言葉をご覧になり、「この言葉は本当だよ」と言っているかのような父の笑顔を見て、この世のお別れをしてくださいました。

父は生まれたての伝道師のように、自分が天国に入れて頂き新しい命を生き始めたこと、イエスさまの十字架が死に打ち勝っていることを、全身で証しておりました。

かつてバリバリの仕事人間だった父も、晩年闘病してやせ細り何のお役にも立たないような小さな弱い存在になりました。しかしそのような者すら神さまはこのように愛し、慈しみ、救ってくださいました。

その言い尽くせぬ感謝を込めて、父の死の1週間後、万利子さんと二人で録音したのがCD「Born again」です。

さらにその7年後母が、そして2021年には最愛の夫が洗礼を授けて頂きました。神さまの愛はどこまでも量り知れません。

万利子の場合

香港での訓練、家庭集会とリウマチ

夫が単身で香港での支社開拓に遣わされることとなり、求道中の彼は背中を押されて洗礼を受けました。思えばここから始まる夫の長い海外赴任の戦いのため、神さまが備えてくださった最善のタイミングでした。当初は2年の予定のはずが、仕事が軌道に乗りしばらくは帰国の目処が立たないので、私も7歳と5歳の娘を連れて香港へ移住することに。買い物グルメ天国の香港！　初めての核家族のスウィートホーム！　とワクワクして行ったものの、現実はそう甘くはありませんでした。営業拡大の為に夜も付き合いで深夜帰宅の夫、突然の国際校入学で、てんやわんやの娘のサポート、今まで経験したことのない夫婦のバトルも勃発です。現地の日本語教会に繋がることで、とても助けられましたが、集会や奉仕、ピアノの生徒さんも多くなって慌ただしい毎日。環境の変化と重なるストレスのせいか、一年が経った頃、身体に変調が現れました。膝や手の関節が腫れて歩くことも辛い。検査の結果、リウマチと診断されたのです。東京の義父がリウマチに苦しむのを間近に見ていた私は驚きました。ピアノどころか家事や子どもの送迎もままならないとは。神さま、こんな病気を、なぜ今私にお与えになるのですか……？

一人では抱えきれず、教会のメンバーにも祈ってもらいながら、月1回わが家での伝道家庭集会は休まず続けていました。夫にカレーやトン汁の仕込みを手伝ってもらい、子育て中の悩

香港生活の始まり

9歳の長女の洗礼式

ある日の家庭集会

みを共有する駐在員の奥さんたちに向けて牧師先生のメッセージが語られます。多い時は子どもも含めて15人を超える大集会。そこでいつも歌う賛美歌は「主、われを愛す」。毎月このやさしい伴奏を弾き歌いながら、その歌詞が私の心に沁み込んでいきました。

♪

主われを愛す　主は強ければ、
われ弱くとも　恐れはあらじ
わが君イェスよ　われをきよめて
よき働きを　なさしめたまえ

（『讃美歌』四六一番：日本基督教団讃美歌委員会）

私はまだ自分の力を頼みとしていたことを気づか

されました。私は確かに主に支えられて生きている、もう自分ひとりで頑張る必要はなく、助けて！　と言える存在がおられるのです。昔の自分ならとてもできなかった、キリストをお伝えする働きが与えられている。ピアノの難曲が弾けなくたって、神さまはこのままの私を愛して必ず用いてくださるのだと、しみじみ感謝が湧いていきました。関節の痛みは徐々に癒やされて、現在ピアノを弾けることは、ただ神さまの憐れみです。今もリウマチ値は上限の倍を超えていて指の関節の痛みもあります。けれどもこの家庭集会で実際、多くの方が信じ洗礼へと導かれたのです。神さまは決して意味なく試練はお与えにならないお方。無力の中でも祈り合い賛美する時、自らの痛みも他者を助け、励まし、癒す力になるという実体験でした。

生まれて初めてユーオーディアの伝道コンサートを聴いたのも香港時代。「音楽は、神さまへの感謝の捧げ物」……それは心にいつまでも残る温かな響きでした。その時の出会いによって、帰国後、尊敬するメンバーの中に加えていただいて今に至っていますが、その感動は今も色褪せず、変わることがありません。

香の場合

子育て

若き日の喪失の嵐の中で神さまと出会い、私に伴侶が与えられました。でも婦人科系の手術を経ていたので、子どもは無理だろうと言われていました。しかし奇跡のように1人の息子を授かりました。もう可愛くて可愛くて一生懸命育てました。

彼は今でこそ優しく頼りになる青年に成長しましたが、幼い時はぐねぐねしていて、君に背骨はあるのか？　と、私は毎日心の中で問うていました。

幼稚園の保護者会の帰り道、他の子と全く違う息子の様子に胸塞ぎ、よそのお家の駐車場の後ろに身を隠して涙していた時「お前に預けた」という声が聞こえました。ハッとしてあたりを見回すのですが誰もいません。

家族と

「神さまだ！」

日暮れどき、私は呆然としつつも思い至ったのです。

「そうだ！　息子は神さまからお預かりした子だ。私たちなら彼の個性を潰さずに育てられるだろうと、神さまは夫と私を見込んで預けてくださったのだ。自分の子だと思えば、この小さな頭で『こうあるべし』と限定してしまうけど、神さまからのお預かりものだと受け取れば、こんなにありがたく感謝なことはない。私の枠にはめようとするのは止めよう！」

そう思い至ったあの日、あの夕暮れの暖かな光を私は生涯忘れません。

万利子の場合

夫不在の大家族

2001年、夫を香港に残したまま、私と娘2人は5年ぶりに帰国となりました。新婚当初から同居していた義父母に加え、今度は義兄の5人家族も含めて80歳～3歳までの十人。広い敷地に三世帯続きの新居を建て引っ越し、おかずのやり取りや親の病院の付き添い、子どもの預かりなど、毎日がお祭りのような生活のスタートです。隣には三人の幼稚園児がいて、義兄は仕事人間で不在がち、若い義姉は育児にてんてこ舞いでした。中1と小5の娘はちょうど思春期の編入学で、初めは日本の窮屈な校風や友だちグループにもなじめず、毎朝お腹を下しながら登校に苦戦。やっと慣れてホッとしたかと思えば、今度は長女が遊びに行って遅くまで帰って来ません。やっと帰ってきたのに衝突してしまい、深夜また家を飛び出し、私は心配でたまらなくて、愛犬を連れて方々を探し歩き回ることもしばしば。ある晩、娘は大泣きしながら訴えました。「寂しいの、親のせいだから！」私はガツーンとパンチを食らい、途方に暮れました。近くの教会に繋がり母子でちゃんと礼拝を守り、親や隣の家族を助けながら、ピアノ教室も演奏活動もやっている。そんな母親を娘は理解して

生徒さんの発表会

くれていると思い込んでいたのです。しっかり者だが寂しがり屋のパパっ子だった長女は、大家族の嵐のような中で安心できる居場所のなさを抱えていました。なのに、「帰りが遅い」だの、「部屋を片付けない」だの、母親に的外れな不満を言われてついに迎えた爆発でした。「土下座して！」の言葉に、私はとっさに土下座。「ごめんなさい！」と、二人同時にことばが重なりました！　それを機に、娘は心を開いてくれるようになり、親子の信頼感が培われていったように思います。娘は心を全開にして私と接してくれるようになりました。生きる中で一番大切なことは、自分の罪に気づき、認めること。罪に向き合わないことこそが罪なのですね。これが、慌ただしい子育ての中で、神さまが鈍感な私に教えてくださったことです。家族の生活には嵐や悩みが尽きません。この当たり前の日常を切り捨てず、見過ごさず、大切に生きるとこころに強い根が張り、新しい芽が育って行くのでしょう。神さまがお与えになった大切な存在を、お互いに感謝し喜び合っていきたいと思います。

娘二人と伝道チャペルコンサート

香の場合

事件と悔い改め

２００９年、私は正式に音楽伝道師として立たせて頂き益々音楽伝道に邁進していました。そして２０１２年、事件が起きました。新宿クラスの指導中に、かつて経験したことのないひどい目まいに襲われ、自分がどこにいるのかわからなくなってしまったのです。救急外来に担ぎ込まれ検査をすると、過労のため耳石がはがれ落ちた結果と判明しました。まっすぐ立っておられず世界がグルグル回る。嘔吐し続け3週間、まったく動けませんでした。それから半年は車窓を流れる風景もまともに見ることができず、レッスン室に入っても全身から冷や汗が吹き出し、不安でレッスンができません。自分の体が思うとおりに動かせない不安とあせりの中で、大きな悔い改めが与えられました。以下は当時したためた文章です。

〜体調はどうしようもなく悪く、でも確実に本番の山が近づいてきて、不安であせる気持ちを自分でも制御できない。止めどなく涙が込み上げてきて、レッスン室のステンドグラスの十字架の前にひざまずいて、うめきながら悔い改める。自分でもビックリしたが、まず出たことばは、次のようなものだった。

「有名になりたかったんです。誰よりも認められたかったんです。30年前、父の会社倒産で何もかもなくなって、父と母のためにも私が頑張らなくては、と思ってやってきました。世界のクリスチャン界では、一流の音楽家たちが活躍しています。でも日本ではクリスチャンは少数派。まだまだ遅れています。チャペルコンサートなんか、と上から目線で見るクラシック界の風潮も見返したかったのです。また男社会の中で〝女流〟フルーティストといわれ続けてきたことも、私の負けず嫌いに火をつけていました。

神さま、ごめんなさい！　ずっとあなたに感謝と賛美をささげたくて、あなたの素晴らしい愛を伝えたくて、フルートを吹いてきたつもりでしたが、いつの間にか私は「自分中心」になってしまって、気づかぬうちにあなたを利用していたのかもしれません。本当にごめんなさい！　神さま、この私のどうしようもない自我を砕いてペチャンコにしてください！」

主よ

うめいて叫んで泣いたら頭がクラクラしました。慌てて血圧を測ると200を超えています！　ベッドに倒れ込みました。家には私一人でした。気持ちが悪くなって吐きそうになるのをこらえながら、涙でかすんだ目を窓辺に向けると、夕暮れの空が見えました。

「このままお召しだとしても、おゆだねします」

（大げさのようですが本当に脳に異常でも起こったか？　と思うような具合の悪さでした）

涙ながらに両手を十字架のように左右に伸ばし祈りました。

「神さま、肉の私を殺してください」

ソウル宣教師墓地にて

……その時携帯が鳴り、京都の友人からメールが送られてきました。それにはこう書かれていたのです。

「わたしがしていることは、今は分からなくても、後で分かるようになります」

（ヨハネの福音書13章7節）

〜パスカルの祈り〈私の意思をみこころのままに〉〜

「主よ、今から、あなたのご用のために、あなたと共に、またあなたにおいて、役立てる以外には、私が健康や長寿をいたずらに願うことがありませんように。あなたお一人が、私にとって何が最善であるかをご存じです。ですから、あなたがご覧になって、最も良いと思われることをなさってください。みこころのままに私に与え、また取り去ってください。私の意思をあなたのご意志に従わせてください。そしてへりくだった、全き従順の思いをもって、きよらかな信仰を保ち続け、あなたの永遠の摂理によるご命令を受け取ることができますよう、そしてまた、あなたから与えられるすべてのものを、賛美することができますように。」

……遠のいてゆく意識の中で、これは神さまからのおことばだと思いました。

数時間後、帰宅した夫の心配そうな顔が目の前にありました。

万利子の場合

イエスさまとアンパンマン

夫の22年間の海外赴任の生活の中、私たちには離れ離れの16年以上の歳月がありました。夫は独りで厳しい企業戦士として、一方私は目の回るような大家族の核となって、それぞれ奮闘したわけです。しかしこの時期を乗り越えられたのは、子どもが幼い7年間、家族一緒に過ごし、信仰という土台を作られた大きな神さまの助けがあったからでした。夫はまるで大きな子どものように生き生きと、幼い子どもたちと遊んでくれました。その楽しい毎日には思い出がいっぱいです。アニメの「アンパンマン」は家族の人気者でした。

♪そうだ、おそれないで
みんなのために、愛と勇気だけが友だちさ！

デンマークでの娘の結婚式

聖書には「わたしがいのちのパンです」（ヨハネの福音書6章35節）という、イエスさまの言葉があります。また「人はパンだけで生きるのではなく、神の口から出る一つ一つのことばで生きる」（マタイの福音書4章4節）ともあります。パンは身体に与える栄養ですが、心と魂に必要なものは「神の命」なのです。それは聖書に記されている神の、尽きることのない愛と励ましの言葉です。これがなければ、人間は力が出なくなることを、私は若い日に体験しました。

まるでジャムおじさんは神さま、そしてアンパンマンはイエスさま！　必ず新しく温かな力を私たちに届けてくれます。バイキンマンがいくら悪だくみをしても、どんな問題が起こっても大丈夫！　助けを呼べば、必ず来てくださる。心配しないで待つこと。信じること。

孫たちとの賑やかな日

夫は60歳でついに帰国。娘たちもそれぞれ結婚して、今は子育ての真最中です。よく手伝いに駆り出され、おじいちゃんは4人の孫たちの恰好の遊び相手です。やっぱりみんなアンパンマンが大好き。遊びながら一緒に観ては昔の出来事を思い出し、この孫たち一人ひとりにもアンパンマンを通してイエスさまの愛が伝わりますように、と日々祈る私たちです。

香の場合

ぬきい丸～おもろい夫婦

同い年の夫とは、なんと6歳からの幼なじみ。彼は小学生のとき重い小児喘息で、同じ苦しみにある子どもたちを救いたい一心で小児科医になった人。子どもの頃、発作で小学校を休んだ彼に、家が近かった私が宿題のプリントを届ける係でした。今でも夫婦喧嘩で形勢不利に陥ると、スワッ！「現在のあなたがあるのは誰のおかげなの？　私が小学校のとき宿題のプリントを届けてあげたおかげでしょ！」……大真面目で反撃に出る私を、夫は呆れて笑っています。

人生結構深刻なことがあり、嵐に揉まれて沈没しそうになる船体に必死にしがみつき、どうしよう！　とジタバタしました。そして今もそれは続いています。

でも私たちはいつも子どもの時のように、泣いたり笑ったりコロコロ一緒に遊んでいる感覚です。お互い一人っ子なので、夫婦であり、兄弟であり、親友であり、同志であります。私に

最愛の夫と

とっては最大の理解者、そして応援者。そんな夫が２０２１年イースター、結婚29年目にして洗礼の恵みに与りました。現在２人で一緒に教会に行き、毎朝一緒にデボーションし、ともに祈り……神さまの慈しみに包まれています。ぬきい丸（本名）にいつもイエスさまが乗ってくださっていること、これは私たち夫婦にとって信じられない恵みです。

「パートナーがクリスチャンになれますように！」と、お祈りしておられるあなたも、大丈夫です。神さまはどんなお祈りも「天のお父さま」とお呼びさえすれば、必ずお聞きくださる方なのです。時が与えられるまで時間がかかっても、必ず最善をなしてくださるお方です。だから絶対大丈夫！

万利子の場合

新しい歌を主に向かって歌え

音楽には不思議な力があります。自分の人生や体験には限りがあっても、文化、距離、時代を瞬時に越えることができるのです。音楽に身をゆだねるとき、私たちには豊かないのちの交わりが与えられます。作曲家の悲しみや喜びが、今の私たちの演奏によってよみがえり、新しい感動が伝えられる。創造主なる神さまは、私たちを「永遠」の中で生かし、歴史を繋げる役割を担わせてくださっているのです。音楽は瞬間の芸術であり、「今」を生きる私たちの人生そのものです。神さまはいつも今この時を共に生きよ、と望まれています。

信仰を持つ前、音楽が自己実現の手段だった若い頃、私は目標に向かって走り続けていました。次々と新曲に取り組み、室内楽や現代曲に挑戦して成果も上げても、いつもどこか力んでいて、耳も心も自分のことでいっぱい。音楽に心から溶け込むことはできませんでした。そんな私が変

えられていったのは、聖書を読み始めてからです。そこには弟子たちをはじめ、様々な人物が登場します。一人一人が失敗しながら、罪を悔い改め、主に赦され、強められていった姿に深く心を動かされました。それはまるで自分を見るようでした。一緒に呼吸するようにすべてを鮮やかに感じる、生々しい体験でした。それ以来、聖書の「今」は自分の「今」と共鳴し、い

つも新しい発見、感動を与えてくれるようになりました。

神さまは永遠のいのちの方です。今も決して変わらず、私たちの「今」に存在なさり、その一瞬一瞬の必要を知り、良いもので満たそうと願っておられる方なのです。

ピアノ独奏は、見えないイエスさまに聴いていただく、私にとって祈りのように大切なものですが、異なる楽器とのアンサンブル演奏は、また格別な喜びです。お互いの異なる個性、音色を出し合い、聴き合って一つの賛美とされる。それはイエスさまが今ここにいて調和をくださると実感できる素晴らしい共同作業です。

「今」この一瞬にすべてがあるのです。作曲家の人生、自分の想い、共演者の祈り、聴衆の人生が、神さまの御手の中で一つにされる、素晴らしい共同作業なのです。

これまでの恵みを感謝し、一息一息を神さまからいただきながら、ともに新しい歌を歌って行きたいと願っています。

香の場合

ここから始める

「主はペテロを見つめられた。ペテロは、『今日、鶏が鳴く前に、あなたは三度わたしを知らないと言うだろう』と言われた主の言葉を思い出した。そして外に出て、激しく泣いた。」

（ルカの福音書22章61～62節）

神さまは私を何度もペチャンコにして、ご計画を進められて来ました。現在も思いがけない試練をいただくことがあります。音楽伝道に献身し、ひたすらに邁進して参りましたのに、何故いまこのようなことが！　と思わされるような出来事もあります。

神さまがくださる試練ですから、乗り越えられないはずはないし、すべては益に変えられる、と信じています。しかしやはり動揺は隠せない時があるのです。

そのような時にこの聖書箇所から改めて神さまの御声をお聞きします。ペテロを振り返って見つめられたイエスさまの眼差しは、私にとって以前は、自分の中の弱さ、傲慢さを見抜かれる恐ろしく、辛いものでした。

しかし今は違うのです。その眼差しは

「ここからだよ。ここから始めなさい」

と語っておられるのです。

「私がおまえにドン底を経験させるのは、これから多くの兄弟姉妹の悲しみ苦しみを自分のこととし、力づけ、一歩進むためだ」と。

主の光　©Mikako Ishiguro

そして、

「おまえの信仰がなくならないように私が祈るから大丈夫だ」と。

今までの信仰生活で思い知ったことは、イエスさまに従い抜くことは、人間の意志や力では出来ない、ということです。人間は挫折を通して自分の限界を知ります。そしてそこから初めて、神さまが働き始めることがお出来になるのだと痛感しています。

人生の踏ん張りどころ、人間としての踏ん張りどころはどこなのでしょうか。思い切り神さまにぺちゃんこにしていただくこと。まさにここからなのではないでしょうか。

イエスさまは

「しかし、私は、あなたの信仰がなくならないように、あなたの為に祈った。それで、あなたが立ち直った時には、兄弟たちを力づけてやりなさい」（ルカの福音書22章32節）

と語られます。

うずくまる私をそのまま受け入れ祈ってくださる、どこまでも私を見捨てない神さまが、ここにおられます。

私も今ここから始めたいと思います。主が差し出してくださる祝福……それは私たちにとって都合の良い形では来ないことが多い。でもしっかりそれを受け取ることが出来るように、祈り続けます。主よ、どうぞ「ここから」もう一度始めさせてください。

万利子の場合

神さまのチューニング

神さまは私をチューニング（調律）なさいます。こう聞くと皆さんびっくりなさるでしょう、でも私は神さまの楽器なのです。美しい音を奏でるためには調律が必要です。

ピアノはとても大きな楽器です。重さ300〜500kg、鍵盤の数は88鍵、張られている弦は約230本もあります。そしてその1本1本には大きな張力がかかっており、合計なんと20トン！　このとてつもない張力は鉄のフレームで支えられています。とても優雅に見えるピアノの外観からは想像できないような構造、それが木のボディーに内蔵されて見事なバランスで保たれています。そこに不均衡なストレスがかかると調律が狂い、バランスが崩れて、バン！　と弦が切れてしまいます。一本が切れると、周りの弦も次々と切れ始める、という厄介なことが起きます。楽器はケアが大切、特にピアノは楽器を熟知した専門の調律師による定期調律が必須です。

ではどのように調律するのでしょうか。調律師さんはまず、中心の「ラ」の音を音叉《おんさ》で基準に合わせます。そして4

度、5度、オクターブと音程を調えた後、時間をかけて全音域へと完成させていくのです。音程だけでなく、音色やタッチも一つずつ個性を生かしながら調和させていく作業は、楽器への愛がないとできない仕事だなといつも感じています。そしてついに調律が完成した楽器は、のびやかに歌を響かせ、感動をもたらします。

オーケストラの場合も同じことが言えます。最初にオーボエが「ラ」を奏で、各セクションがそれに合わせてチューニングします。その時にメンバーは全神経を「ラ」の音に集中させるのです。それがあればこそ、美しいハーモニーが生まれ運んでくれます。

主のチューニングに耳を澄ます

私自身も、神さまが造ってくださった存在。その心と体のバランスは神さまが司ってくださっていて、科学や医学が進歩しても決して神さまを越えることはできません。人間の小さな頭で考えたことは、バランスを歪ませ、争いや不和の元となってしまいます。

聖書のことばには、この全能の神さまの愛と知恵が宿っていて、日々、私たちがそのことばを心に受け取る時、神さまは弦をピンと張られ、良い音色とハーモニーが出せるようにしてくださるのです。一番大切な「ラ」の音、それはイエス・キリストの十字架です。豊かなハーモニーはそこから生まれ、周囲へと広がって行くのでしょう。

香の場合

God'sガーデニング

人生を四季に例えるなら、高齢期は晩秋・初冬なのかもしれません。今まで夫を支え、子どもを育て、やれやれと思いきや、高齢になった両親の世話、孫の世話。人は結局、誰かのために生かされている存在なのだと、深く思わされる日々です。それは素晴らしいことです。折々忍耐も教えられます。

嬉しい実りもあります。私はガーデニングを楽しむ時間がやっと出来ました。それも夫が重病を患い、主治医から「動けなくなるかも」と言われたのが１年半前（２０２３年現在）。

©Mikako Ishiguro

写真が趣味の夫が、動けなくなってもマイガーデンで季節の移り変わりを楽しめるように、一念発起して造り始めました。母たちのローメンテナンス和風ガーデンを、イチから掘り起こし肥料を入れて耕し、レンガを買ってきて花壇と通路を作り、花の苗や球根を植えました。小さな庭ですが、名前はでっかく「エデンガーデン」！（うふふふ）

夫は後遺症が残りましたが、回復を与えられ感謝。

それからと言うもの、朝な夕な手入れに勤み、植物の強さ、健気さに圧倒されつつ元気をもらっています。この子は太陽と水をたっぷり、この子は半日陰、この子は乾燥気味、肥料も控え目に……なんだか生徒さんを育てるのと似ています。そして共通するのは、その子自身の「生きようとするチカラ」です。それをいかに邪魔しないで、必要なら寒さにも暑さにもあてながら、見守り育てるか。水をやるのは人だけれど、育ててくださるのは神さま。これは本当ですね！

万利子の場合

神さまの押出し

休暇で行った香港のホテルで、私は夢を見ました。

「ああ、こんなことならもっと練習しておくんだった！」

とあせってスーツケースに荷物を詰め込んで海外演奏に出かける……うなされてハッと目が覚めました。「なんだ、夢だったのか」と我に返り、いつものように携帯を開きました。そこには腰を抜かす一報が！

「台湾の音契管弦楽団コンサートのソリストが急病の為、代わりに来られないか」

という緊急要請。曲はラフマニノフ？……無理！

前の年にユーオーディア「賛美の夕べ」で演奏したあの大曲……

1週間ではとても無理！

と、怖気付いたものの、夢はあまりにもリアルでした。

指揮者の金希文氏と。台北国家音楽廳にて

断ろうと心に決めて東京に戻ったものの、礼拝のメッセージで、

「来たれ。ひれ伏せ。今日もし御声を聞くなら、あなた方の心を頑なにしてはならない」

（ヘブル人への手紙3章7・8節）

と神さまに語られました。そのみことばは、怖れでいっぱいの私の心のど真ん中に切り込んで来たのです。そしてなんと三日後には台北へと押し出されることに。

現地ではクリスチャンの団員、皆さんが私のために熱く祈ってくださっていました。もう後には引けず、そこからの4日間は、時間と体力、怖れとの闘い。指は迷う、暗譜は飛ぶ、夜もドキドキして眠れず。頼りは携帯から流れる音声の聖書のみ。一人練習室に閉じこもり、祈りながら必死の練習でした。緊張のあまり体は岩のように硬直、腕は熱を持ち、心身共に限界。その中に、ある思いが私の心に響いてきました。

「これは自分の戦いではなく、キリストのご栄光を現す私たち全員の魂の賛美なのだ！」

リハーサルごとに迫力を増すオーケストラに圧倒されながらも、私は確信に包まれて行きました。

ついに本番、緊張の頂点です。私は舞台袖にひざまずき、こう祈りました。

「私の心は定まりました、おゆだねします！」

本番直前の祈りの言葉が！

その時テーブルにあった詩篇の合唱スコアの歌詞がふと目に入り、私はまたしても腰を抜かしました。

「我心堅定！」

楽譜には、私が祈ったままの言葉が、中国語で書かれているではありませんか！

「ああ、神さま、あなたはどこまでも助け、弱い私を運ばれる。祈れば、大丈夫ここにいるよ、と教えてくださるお方！」

賛美の心が湧き上がりました。

「はい主よ、あなたに明け渡します！」

……大波の中の小舟のような私のピアノを、指揮者は楽団と共に全身全霊で天の高みへと率いてくださり、大ホールは感動の拍手！　神さまは満面の笑顔とそのご臨在を見せてくださいました。これは私の生涯で忘れることのできない大切な体験となりました。

神さまはご自分が押し出された者を、最後まで守り通されるお方です。

香の場合

世界伝道の現場……その原点

神さまは私を日本だけに留まらず、世界中に遣わし、音楽を通してご自身の愛を伝えられます。ヨーロッパ各地、アメリカはもとより、ケニア、ブラジル、アルゼンチン、カンボジア、韓国、台湾、モンゴル、フィリピン……どこまでも音楽伝道に遣わされます。そこには神さまが用意してくださった、人生を揺るがすような出会いと経験があります。

2009年初めてケニアに行きました。スラムの子どもたちにフルートを教えるためです。そ

アルゼンチン　イグアス宣教遺跡にてTV収録

れからずっとライフワークにしている、ケニアのスラムに住む子どもたちのための学校支援「コイノニア・チャリティコンサート」は、活動15年になります（2023年現在）。ナイロビのコイノニア教育センターは、市橋隆雄・さら宣教師主宰の、スラムの子どもたちの学校です。子どもたちを取り巻く環境は劣悪です。スラムに生まれたら一生スラム、という生活の中で、子どもたちはイエス・キリストに出会い、新しい価値観の中に生きるようになります。コイノニア教育センターは聖書に基づいた教育をしており、子どもたちは「あなたは高価で尊い。私はあなたを愛している」（イザヤ書43章4節）とおっしゃってくださる神さまに、出会うことができるのです。そして変えられます。希望を持って学び、進学し、スラムという荒野を内側から変えていく力となっています。彼らの合言葉は「人生にYesと言おう！」です。

また韓国にもたびたび招いていただき、2016年光復節には日韓の平和の架け橋として、各地でシャロームコンサートをささげました。2017年ドイツ・ライプティヒの聖トーマス教会礼拝堂でのコンサートも忘れられません。J・S・バッハのお墓の前で、バッハの曲を吹かせていただく光栄と恵みのひとときでした。その経験から、2023年オールバッハCD録音に導かれたのです。神さまのご計画はどこまでも深く広く高く、人間には計り知れません。

同じく2017年にはNGOハンガーゼロの親善大使に就任。世界では1分間に17人が飢餓で亡くなっています。富裕国でも霊の飢餓があります。世界中の、肉体と魂の飢餓撲滅のための働きが与えられました。また各地の被

イグアスの滝の水しぶきを浴びて

災地支援コンサートにも力を注いでいます。

2018年、ブラジル移民110周年記念行事ゲストとしてブラジルから招聘。サンパウロ州だけで日本と同じ面積、という広大な土地を巡った、3週間のコンサートツアーでした。最後にアルゼンチンの荘厳なイグアスの滝で、水しぶきを浴びながら撮影した「ガブリエルのオーボエ」は忘れられない思い出です（Youteube で視聴できます）。

2019年にはアメリカから招聘。アトランタ～ロス・アンジェルス～サンフランシスコ～ホノルルでリサイタル。またコロナを経て2024年にはカンボジア、モンゴルから招聘されています。

コロナ以降、平穏な日常は脅かされ、世界ではウクライナとロシア、またイスラエルを始めとする国家間の争いや民族対立、経済格差、地球温暖化、飢餓や災害……etc. 心塞ぐニュースばかりです。

今改めて、世界中、文化や言語は違っても人間が求めるものは同じだと、強く思わされています。

小さな平和をつくること、これが私の音楽伝道の原点です。

世界のコンサートツアーというと華々しく感じますが、その原点は素朴なものです。隣家のママの癌闘病中に、伴奏機材を持って何度も訪れ、彼女一人だけのために捧げた「お見舞いコンサート」。彼女の霊に神さまが深くタッチしてその心を慰め励まされた、あの小さなコンサートが、私の原点なのです。

神さまは、世界の片隅のただ一人にご自分の愛を届けるために、世界中どこまでも私を遣わされるお方です。

サンパウロにてブラジル移民 110 周年記念リサイタル

生徒のフルートオーケストラと

ライフワーク　スラムの学校支援「コイノニア・チャリティコンサート」

ケニアにてリサイタル

アメリカリサイタルツアー中　サンフランシスコにて

ナイロビ「コイノニア教育センター」の子どもたちにフルートを教える

第3章　Stellaからのメッセージ

おゆだね

わたしは神の手の中の小さな鉛筆にすぎません。
神が考え、神が描くのです。（マザー・テレサ）

私たちという「鉛筆」は、こっちの方へ線を引いた方が素敵です、もっと太い線がいいと思います、などと勝手に思って動いてしまいがちです。ハッと気づいて、そのつど神さまの鉛筆である使命に忠実であることができますように！と、改めて祈らされます。鉛筆の使命とは、何なのでしょう。偉大なる画家である神さまの描かれるままに「自分をゆだねる」ことだということを、日々祈りの中で教えられています。

神さま、どうぞ今日もあなたにおゆだねし、生き生きとした「いのちの道」、「平和をつくる道」を歩ませていただけますように。

憐れみ

なんという幸いでしょう！　私たちには、悔い改めを喜んで受け取ってくださる神さまがおられます。そして「罪深いわたしを憐れんでください」と祈ると、聖霊の力で私たちを新たに生きる者として造り変えてくださるのです。神さまの「憐れみ」は、人間社会一般で言われる「哀れみ」とは全く違います。人間レヴェルの同情とか、かわいそう、という気持ちとは違うのです。

イエス・キリストという方は、神さまのたった一人の大切な子どもでした。でも神さまは、もともと神さまと一緒でなければ生きられないはずの私たちが、ご自分から離れて生き始めてしまったことを深く憂慮さ

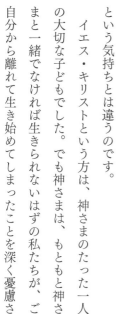

れました。だってそれは、神さまなんか要りません、ということですから。自分が神さまになるということですから。（実は戦争もここから起こるのではありませんか。）

その切れてしまった神さまと私たち人間の関係を回復されるために、神さまはその独り子イエス・キリストをこの世に贈られました。それがクリスマスです。

でも私たち人間はそれに抵抗しました。神さまなんかいらない、自分たちに都合の良いことをしてくれる神さまでなけりゃ、いらないんだ！　とイエスさまを否んでしまったのです。それがゴルゴダの十字架です。

でもイエスさまは地獄の苦しみの中でも、よってたかってご自分を十字架にかけた私たち人間のために祈ってくださいました。

「父なる神さま、彼らを赦してください。彼らは自分が何をしているかわからないのです」と。

そして私たち人間の自己中心の罪を一身に背負われて、その罪と共に十字架の上で死んで滅んでくださいました。これが贖いです。

そして死んだだけでは終わりませんでした。三日後に復活なさったのです。「罪」の報酬である死に打ち勝って、甦ってくださったのです。これが復活です。

私たちはそのご復活の、罪から解放された、光り輝く命の中に生かされているのです。

そして神さまは今も私たちとともに聖霊となって生きてくださっています。神、イエス・キリスト、聖霊。これが三位一体の神と言われる意味です。

他人の命を救うために私たちは死ねるでしょうか？

イエスさまはそれをしてくださいました。自分の大切な子どもを、他人の罪の身代わりとして十字架にかけることができるでしょうか？　神さまは大切な独り子イエスさまを十字架に掛けてまで私たちを救ってくださいました。神さまの「憐れみ」は私たちを根底から生かすものです。新しい命の中で生きていく力、そのものです。

老いって何だろう

今までの歩みから、一つ一つの出来事に偶然ということはない、全てが神さまの必然だと思うようになりました。出会うお一人お一人が、神さまが「この人を愛せよ」と隣に置かれる隣人です。自分でやろうとすると力不足が先に立ち、反省ばかり。でも神さまがご必要であれば、この弱く小さな自分でも、欠点だらけの愛の足りない自分でも、神さまご自身が働き事を成してくださる……出会いが出来事になっていく……その奇跡に何度も遭遇しました。それは自分の快不快、都合の良し悪しをはるかに超えたこととして顕れます。だから今日も、神さまがくださる出会いを楽しみに、朝起きるとワクワク。

60代は音楽家としても成熟してとても素晴らしい年代だと思います。常に戦いはありますが……体力的、持ち時間的、財

政的……etc. でも前期高齢者としての生き方が、後期高齢者の生き方の土台になると思います。

日本の少子化、高齢者増加の「バランスの悪いピラミッド」の中で、高齢化が目立つ教会。コロナで教会に来ることができなくなってしまった高齢の信者さんたちも増えています。そのような現在こそ、賛美の力はとても大切だと思います。私たちもおばあさんですが、そのために献身します。

だって神さまが「わたしが担い、背負い、救い出す」と力強く約束してくださっているのですもの。年齢なんか気にしません。この世のものは流動的で、価値も変わり、世の中も変わります。でも私たちの信じるイエス・キリストの父なる神さまは、変わらない。永遠に変わらない。

神さまは、私たちを生かそう、祝福しよう、とその一心で愛してくださる方。最愛の独り子イエスさまを十字架につけてまで私たちを救ってくださった方。そのお方は聖霊になって、今ここに共におられます。

「あなたたちは生まれた時から負われ
胎を出た時から担われてきた。
同じように、わたしはあなたたちの老いる日まで
白髪になるまで、背負って行こう。
わたしはあなたたちを造った。
わたしが担い、背負い、救い出す。」(イザヤ書46章3〜4節)

神さまは私たちの重荷を共に負って、憐れみを持って導いてくださるお方。

Duo Stellaが人生を賭けて信じる最高のお方。
そのお方は私たちの「おばあさん力」をも、用いてくださいます。
だから私たちおばあさん2人は、神さまの海の深みに漕ぎだします。
「天のお父さま、天のお父さま」とお呼びしながら。
羅針盤は聖霊。燃料は信仰。
嵐にあっても大丈夫。私たちの船にはイエスさまが乗ってくださっているから！

「ヒャッホウ！ Stella号、冒険にしゅっぱ〜つっ!!」

あとがき

この原稿を読んだそれぞれの夫の反応は同じだった。笑ってただ一言「65歳になって冒険に送り出すこっちの身にもなってみろよ」（笑える夫を尊敬します）
すみません!! おてんばな妻で！

少しでもみなさまの励ましとなれば、と思ってこの本を書きましたが、実は一番励まされているのは、私たち自身かもしれません。

これを書いている65歳からさらに年輪を重ね、寿命があればいずれ後期高齢者の仲間入りをします。

心身は衰えるでしょう。でも霊は日に日に新しくされます。

「若者も疲れ、たゆみ、
若い男もつまずき倒れる。
しかし、主を待ち望むものは新しく力を得、
鷲のように翼をかって上ることができる。
走ってもたゆまず、歩いても疲れない。」（イザヤ書40章30〜31節）

この御言葉を信じて私たちは歩みます。これは主にある冒険。どうなるかわからない。
でも天国に入れていただくときに
「**神さま、あなたの冒険人生、めっちゃ面白かったです!!**」
と満面の笑みで申し上げたいのです。

神さまが送ってくださる賛美の風が世界中に吹き渡っていきますように。
そして神の国の平和が、この地球上を覆い尽くしますように。

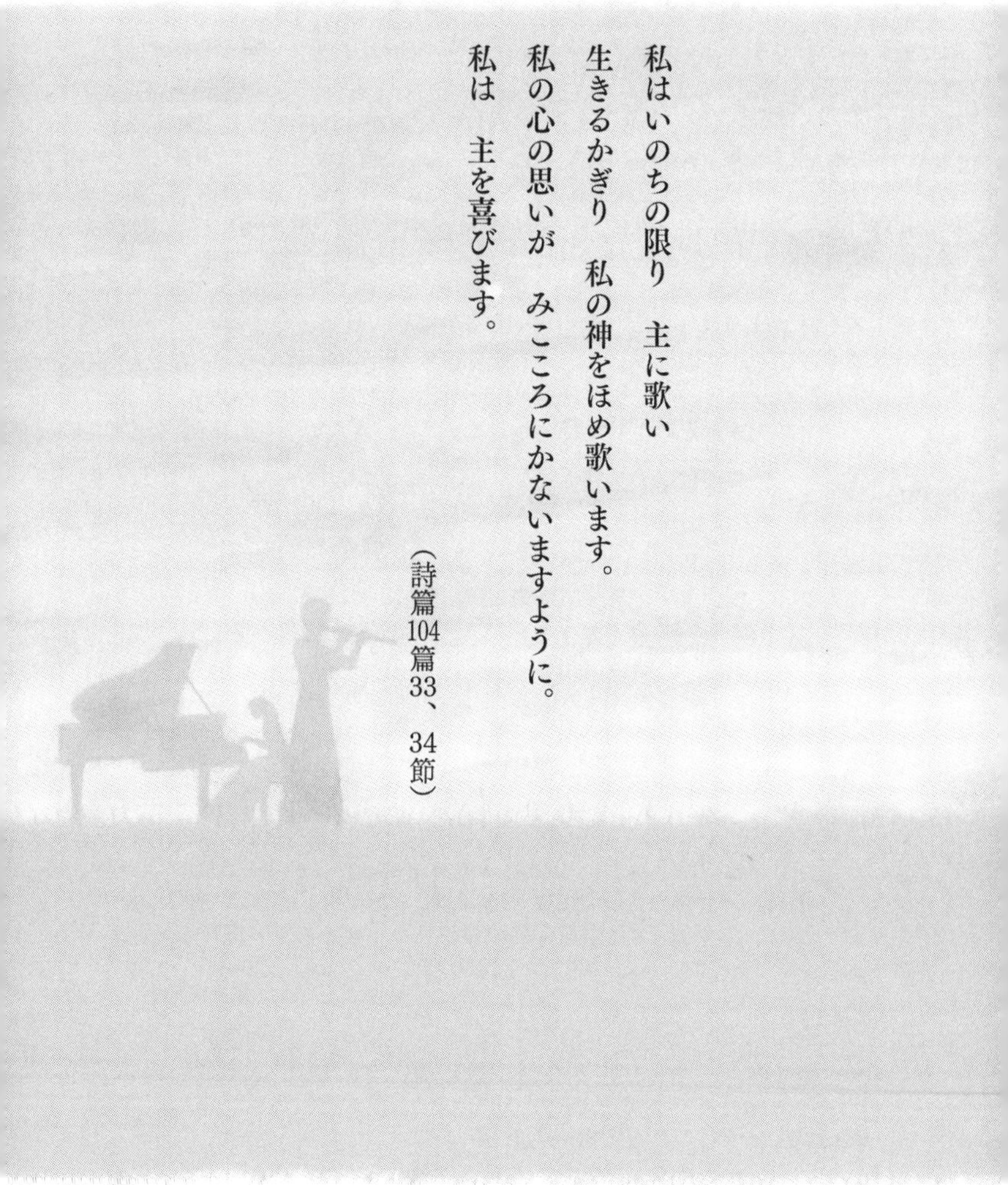

私はいのちの限り　主に歌い
生きるかぎり　私の神をほめ歌います。
私の心の思いが　みこころにかないますように。
私は　主を喜びます。

（詩篇104篇33、34節）

プロフィール

紫園香　Kaori Sion：フルート

日本を代表するフルート奏者として長年国際的に活躍。音楽伝道師としても世界2000ヶ所以上で用いられている。東京藝術大学音楽学部、同大学院首席卒業。藝術学修士。スイスにて巨匠M.モイーズに師事、マスターコース修了。NHK洋楽オーディション入選、以来NHKFM・TV、スイス放送をはじめ世界中のTV、ラジオ出演多数。第7回「万里の長城杯」国際コンクールをはじめ入賞多数。外務省招聘「文化交流使節団」等により世界24ヶ国でリサイタル開催。ジュネーヴ国際芸術祭、ブラジル移民110周年記念リサイタルをはじめ国際音楽祭招聘多数。天皇に招聘され皇居にて御前演奏。国内でも東京文化会館を始め主要ホールでの数多くの演奏は、「音楽の友」誌で年間コンサートベスト1位を獲得、CDが日本時事通信特選CDに選出、またレコード芸術誌、音楽現代誌の特選CDに推奨、など常に高い評価を得ている。著書・曲集・CD16枚を発売中。現在、日本クラシックコンクール審査員、MFLC、ユーオーディア・アカデミー各講師。ケニア・コイノニア教育センター特別講師。NGOハンガーゼロ親善大使。日本クリスチャン音楽大学および同大学院教授。

菅野万利子　Mariko Kanno：ピアノ

京都に生まれる。相愛大学音楽学部卒業。井口基成、井口愛子、片岡みどりに師事し、在学中より第45回日本音楽コンクール入選、文化放送音楽賞受賞、NHK洋楽オーディション入選し、演奏活動を始める。アメリカ・インディアナ大学音楽学部アーティストディプロマコースにてG.シェボック氏に師事。フランス、ハンガリー、スウェーデンにてJ.C.ペンティエ氏、B.ザイドルホーファー氏の元で研鑽を積む。帰国後、相愛大学講師、関西のコンクール審査を多数務める。リサイタル、室内楽、現代曲初演などの演奏が評価され、大阪文化祭賞、大阪市咲くやこの花賞を受賞。協奏曲では外山雄三氏、尾高忠明氏、金洪才氏等の指揮にて主要オーケストラとの協演多数。1988年より東京都在住。金希文氏指揮ユーオーディア管弦楽団、台湾の音契管弦楽団と協演。古典から現代まで幅広いレパートリーをもち、日本全国および海外にて多彩なコンサートを展開している。三浦綾子読書会会員。CD"Rejoice"を教文館よりリリース。ユーオーディア・アカデミー講師。

Duo Stella CD
「Bless you ~ やすらぎのひととき」
「Born again ～あらたなる旅立ち」
「Duo Stella ～闇夜にまたたく星　それは道しるべ～」（2024年秋発売）

Special thanks to: 単立キリスト品川教会、日本バプテスト連盟 仙川キリスト教会、単立キリストの平和教会、日本同盟基督教団 多磨教会、香港 JCF、JECA 永福南キリスト教会、それぞれの愛する家族。

ヒャッホウ！ おばあさんだって冒険したい！
～闇夜にまたたく星　それは道しるべ～

2023 年 12 月 15 日 初版発行

著　者 —— 紫園 香　菅野 万利子
発行者 —— 安田 正人
発行所 —— 株式会社ヨベル　YOBEL, Inc.
〒 113-0033 東京都文京区本郷 4-1-1-5F
TEL03-3818-4851　FAX03-3818-4858
e-mail：info@yobel. co. jp

装幀 ——ロゴスデザイン：長尾 優
和紙ちぎり絵 ——森住ゆき
印刷 ——中央精版印刷株式会社

配給元 —— 日本キリスト教書販売株式会社（日キ販）
〒 162 - 0814　東京都新宿区新小川町 9-1
振替 00130 3 60976　Tel 03 3260 5670
　ISBN978-4-909871-99-2 C0016

岩本遠億の本

聖霊の上昇気流——神は見捨てなかった

これは事実の物語

私がこれから書き記すのは、神学や思想ではありません。事実です。人の失敗とそれに介入なさった神の事実だけを書き記します。事実だけが、イエス・キリストが今も生き、働いている神であることを明らかにするからです。

四六判上製・二六四頁・一九八〇円

366日元気が出る聖書のことば

あなたはひとりではない

わたしは、あなたに約束したことを成し遂げるまで、決してあなたを捨てない。（聖書）

聖書を通して神（創造主）が語りかける励ましと慰め、そして戒め。季節の移り変わりや日常の出来事に寄せ、また自己の中にある分裂をも見据えながら、やさしい日本語で書き綴るたましいのことば。聖書メールマガジンの中で18年間にわたり国内、で屈指の読者数を獲得してきた著者が数千のメッセージを改訂し366日分を厳選。言語学者ならではの書き下ろしのコラムも配置しました。

6版出来！　Ａ５判変型上製・三四四頁・一九八〇円

神はあなたの真の願いに答える

ルカの福音書説教集1

「目から鱗」を超える感動！「生々しいまでのイエスの息・体温・脈動！」（読者の感想より）

「表面的な願いと、この中に隠れている真の願いは違うかもしれない。……神様は、私たちに私たちの真の願いを知らせ、私たちを聖霊に満たし、その実現のために私たちが自ら進んでいくように導かれるのです。」

新書判・二一六頁・一三二〇円

既刊書（税込）　info@yobel.co.jp　FAX03(3818)4858　http://www.yobel.co.jp/